Para

_____

_____

de

_____

com votos de felicidades

COMO PEQUENINA FAGULHA

Senhor,
nós vos agradecemos
por nos haverdes dado o amor.
Pensastes em nós juntos,
antes do início dos tempos,
e, desde então, nos amou assim,
caminhando lado a lado.
Nosso amor nasceu do vosso,
que é imenso e infinito.
Dai-nos alegre fantasia
para criar a cada dia
novas expressões de respeito
e de solícita ternura.
Fazei com que a vida conjugal
dê continuidade a esta arte criadora
de afeto, que nos conduzirá
ao encontro contínuo convosco,
que sois o Amor
do qual se desprendeu o nosso,
qual pequena fagulha.

O AMOR

Guarda-me
como o sinete
sobre teu coração,
como o sinete, sobre teu braço!
Porque o amor é forte
como a morte
e é cruel,
como o abismo,
o ciúme:
suas chamas
são chamas de fogo,
labaredas divinas.
Águas torrenciais
não puderam extinguir o amor,
nem rios poderão afogá-lo.
Se alguém oferecesse
todas as riquezas de sua casa
para comprar o amor,
como total desprezo o tratariam.

Cântico dos Cânticos 8,6-7

AMO VOCÊ

Eu amo você
assim como você é,
com seus momentos bons e maus,
com seus gostos e seus gracejos,
com sua gentileza
e sua dureza,
com suas intuições
e sua ingenuidade,
com sua esperança
e seu desespero,
com sua simplicidade
e sua incerteza,
com sua fé cristalina
e suas dúvidas pungentes.
Eu amo você assim como você é,
mesmo que um dia pudesse vir a ser
totalmente diferente.

QUEM NOS SEPARARÁ?

Quem nos separará
do amor de Cristo?
Tribulação, angústia,
perseguição, fome, nudez,
perigo, espada?
Mas, em tudo isso,
somos mais que vencedores
graças àquele que nos amou.

Romanos 8,35.37

ABERTOS PARA O MUNDO

Senhor, que nosso coração se abra
a todos os sofrimentos do mundo
e em particular
às necessidades do nosso bairro.

Ajudai-nos
a não ceder à tentação
de nos fecharmos,
de vivermos só para nós mesmos,
de buscarmos tão-somente
a nossa felicidade.

Que os nossos interesses
se estendam aos problemas da justiça,
da paz, da liberdade.

Dai-nos um coração
que ame de verdade,
a fim de que a Terra
se torne mais habitável
e mais humana.

JUNTOS E SOLITÁRIOS

Amem-se um ao outro,
sem fazer disso
uma prisão de amor.
Pelo contrário,
haja entre as margens de suas vidas
um movimento de mar.
Encham reciprocamente suas taças,
porém não bebam de uma só taça.
Dêem-se reciprocamente o alimento,
não comam, porém, do mesmo pão.
Cantem, dancem juntos
e se alegrem,
mas cada qual esteja só,
como afastadas estão as cordas do alaúde,
ainda que vibrem
numa só música.

K. Gibran

HINO AO AMOR

$\mathcal{O}$ amor é paciente,
é benfazejo;
não é invejoso, não é presunçoso
nem se incha de orgulho;
não faz nada de vergonhoso,
não é interesseiro,
não se encoleriza,
não leva em conta o mal sofrido;
não se alegra com a injustiça,
mas fica alegre com a verdade.
Ele desculpa tudo, crê tudo,
espera tudo, suporta tudo.
Atualmente permanecem estas três:
a fé, a esperança, o amor.
Mas a maior delas é o amor.

1 Coríntios 13,4-7.13

SOMENTE POR AMOR

Se você se calar,
cale-se por amor.

Se você falar,
fale por amor.

Se você corrigir,
corrija por amor.

Se você perdoar,
perdoe por amor.

Coloque no fundo do coração
a raiz do amor.

Desta raiz não poderá nascer
outra coisa senão o bem.

Santo Agostinho

ESCUTAR É AMAR

A verdade do outro
não está no que ele lhe revela,
mas naquilo que ele não sabe revelar-lhe.
Por isso,
se quiser compreendê-lo,
não ouça o que ele lhe diz,
mas o que ele não lhe diz.

Deixe que a voz,
oculta na sua,
seja a voz que fala ao ouvido
do seu ouvido...

K. Gibran

PARA VIVER FELIZ...

As cinco palavras mais importantes:
Eu errei, isso me desagrada.

As quatro palavras mais importantes:
Você agiu muito bem.

As três palavras mais importantes:
Que pensa você?

As duas palavras mais importantes:
Amo você.

A palavra mais importante:
Obrigado, ou então: Nós.

A última palavra mais importante:
Eu.

AMAR

Amar alguém
significa
aceitar
envelhecer juntos.

A. Camus

Amar alguém
significa
vê-lo como Deus
o projetou.

F. Dostoievski

O verdadeiro amor começa
quando estamos prontos
a dar tudo
sem nada pedir.

A. de Saint-Exupéry

A BÊNÇÃO DO SENHOR

O Senhor te abençoe
e te guarde.
O Senhor faça brilhar
sobre ti sua face,
e se compadeça de ti.
O Senhor volte para ti
o seu rosto
e te dê a paz.

Números 6,24-26